WOODLAND
WARDENS

森林守護者神諭卡

致我的工作室夥伴。

我在沃倫（Warren）的小空間交到了好朋友。

WOODLAND WARDENS

説明書

潔西卡・魯(JESSICA ROUX)

CONTENTS　目錄

引言

一直都很喜歡動物。我小時候經常在戶外撿取樹上的蟬殼，捕捉螢火蟲，尋找躲在岩石下的蠑螈，然後畫出我看到的景象。我很少待在室內，但我會利用這段時光蜷縮在室內看書。我也很喜歡探索《伊索寓言》，想像《夏綠蒂的網》中的農場生活，或者盼望自己能遇見《柳林風聲》中的笨蟾蜍或害羞的獾，藉此逃避單調的生活。動物吸引著我，但我不明白原因。我真希望與動物交流，就像我和朋友交談一樣。從某種意義上來說，《森林守護者神諭卡》是我與這些老朋友重新交流的一種嘗試（無論是現實或想像中的）。

雖然我不擅長園藝，但將動物與植物配對對我來說十分自然。我從小就討厭在星期日下午花時間栽種植物。我不喜歡指甲裡有泥土的感覺，也不喜歡陽光曬傷我的臉頰、脖子和手臂。不過，我喜愛花朵。我在筆記本上畫滿了許多玫瑰花、蕨類和毛茛。當我意識到自己住在布魯克林的小公寓，盼望著第一份工作是當插畫家時，我最思念家鄉的部分就是植物，那些巨大的木蘭樹上含苞待放的花蕾，即將迸發出大朵且富有光澤的花。我迷上了維多利亞時代的花語，並開始將花朵和香草的含義融入我的插畫。後來我也很熱衷園藝。直到我需要搬家時，一心只想住在能隨心所欲栽種任何植物的地方。當我的人生陷入低潮時，花

園能帶給我莫大的慰藉。花兒在我內心燃起光芒和喜悅，這是其他事物無從比擬的。

　　從歷史的角度來看，人類長期以來都在與大自然交流。從拉斯科洞窟中的大野牛壁畫、古埃及的貓和獵鷹等象形符號，我們很容易看出動物在人類的早期演化中有重要的作用。自古以來，人類就喜歡賦予動物和植物不同的含義。其中，許多含義源自植物或動物的特性，例如：孤僻的貓也許象徵著獨立；花莖往下垂的藍鈴花可能代表謙遜。其他的含義多半來自神話、傳說和民間故事。長期下來，狡猾的狐狸、明智的貓頭鷹、耐心的烏龜等故事讓我們更瞭解動物。同理，我們也從古老的故事中得知，仙子會在毛地黃的花朵中建造家園。用相互補充的方式將植物和動物巧妙地配對，能帶出更有深度的真理，引起共鳴或引人深思。這是我表達自己故事的自然方式，同樣也是廣闊世界的展現形式。

牌卡與說明書的
使用方法

自己習慣使用一副新牌組的簡單方法是：每天抽一張牌。你可以漸漸熟悉這副牌組，探究插圖中的小細節，例如：動物的毛髮動態、花朵綻放的形狀、色彩搭配。接著，你可以根據插圖中的植物和動物，回想相關的親身經歷。問問自己，是否曾經在森林中遇到漫遊的動物，或是在野外生長的植物？如果有的話，你能回想起那次相遇情景的哪些部分？當時你的生活中正發生了什麼事？你感受到什麼樣的情緒？或者如果你沒有相關的經歷，插圖中的動物或植物讓你聯想到哪些特點？你聽說過哪些相關的故事？有些人認為貓頭鷹是神祕的夜間信使，也有人和古希臘人一樣，認為貓頭鷹與智慧有關。有些人會將毛茛與童年聯想在一起，回想起一種遊戲：把花朵放在下巴的下方，看看是否會反射出黃色的光芒。個人和文化的聯想能自然而然地形塑我們對所見事物的詮釋，並影響我們解牌的方式。

　　我賦予牌卡的牌義是基於個人歷史、神話、民間故事以及維多利亞時代的花語，但絕不是僵化或籠統的意義。你的親身經歷與圖中動植物之間的關聯，可能具有不同的含義，值得受到重視和深入研究。例如：如果你認為某種動物具有危險性，那麼牠可能在傳達給你特殊的警告。反之亦然：如果你被禿鷹深深吸引，也許你解牌的時候牠就預示著好運。

蠑螈與黑胡椒
靈感

蛾與尤加利
結束

　　也許有些讀者不想參考說明書指南，或者只在必要的時候使用。這些牌卡的顏色、材質和編排都是由我親自設計，能提供這些人探索牌義的線索。舉例來說，你可能會注意到：背景顏色較淺的牌卡通常與創意和行動有關，而顏色較深的牌卡多半與反省的主題有關。或許你也注意到了暖色系和冷色系牌卡之間的主要差異，或者你根據不同的位置找出關聯：植物元素是否圍繞著動物元素？動物是否處於活動中，還是靜止不動？這些視覺線索可以協助你解牌，並幫助你辨識重複性的象徵模式。也許你抽到的三張牌都有鳥的圖案，或者都有藍色的背景，或者都有在春季盛開

的花。三種鳥可能代表一段焦躁不安的時期，或者你對旅行的渴望，或者你對自由的需求。三張藍色的背景象徵著天空，代表你需要多花一些時間到戶外。三種春季盛開的花朵或許是建議你提早計劃，比方說在秋季種一些雪花蓮，期待它在春季綻放，或是花一點時間反思，撒下靈感的種子，讓它在未來的某個時刻盛開。

最後，我建議你在日常生活中隨身攜帶這副牌組，並留意熟悉的訪客。你可能會看到三色堇在朋友家的外面盛開，或是你的同事穿著有小狐狸圖案的洋裝，而這些跡象都是在引導你特別注意該場所或對象。在現實世界中，你不一定會親眼見到這些事件。也許你的朋友在社群媒體上分享了他種的大麗花照片，或者他畫了一幅關於狼的畫作。事件發生的同步性與你在大自然中經歷的一切同等重要。但，人不可能總是待在戶外。我相信那些需要與我們交流的動植物神靈，會以某種形式找到我們——透過圖像、文字、歌曲或夢境。

最重要的是，這副牌組的宗旨是強化你的自我意識，尤其是你與大自然之間的關係。我提到「warden」這個詞是指管理者和守護者。雖然人類很容易以為自己比植物和動物更占優勢，或處於主導地位，但事實是我們一直都很依賴牠們，不只是為了生存，也是為

了尋求指引。這副牌組的生物確實都是我們的守護者，如同我們被召喚去保護這些生物。這種合作精神，正是我想藉著這副牌組倡導的理念。當你使用這些牌卡時，要發展出屬於自己的牌義，並探索哪些元素會引起你的共鳴，允許自己沉浸其中、允許自己被所喚起的自然世界影響。

建議的牌陣

日常練習：抽一張牌

瞭解「守護者」的簡單有效方法是抽一張牌。無論你的偏好是什麼，都要先洗牌。（我洗牌後，會將牌卡放在兩掌之間旋轉，混合牌卡的方向，然後再洗牌一次。用左手切牌後，再洗牌一次。）洗牌時，要專注於你想得到答案的疑問，這樣做很有幫助。你抽一張牌後，要先回想一下你與插圖中的動植物是否有過相關的經歷，接著參考說明書指南。針對這張牌進行冥想，並在一天當中回顧這張牌，觀察牌中的主題如何展現。寫日記是一種認識牌卡和探索深層牌義的有用方式。在我的塔羅牌日記和神諭日記中，我會快速地描繪我抽到的牌，然後列出與我有關的主題，或是說明書指南中暗示的主題。我通常會在晚上回顧日記，並思考自己遇到的情景。

當你面臨即將到來的障礙、旅行或截止日期時，我大力推薦你採用抽一張牌的做法。如此一來，你每天都會練習反思，並根據某種心境或主題採取行動。在重要的截止日期前一天，我通常會抽一張牌。這樣做有助於我規劃待辦事項的清單。

我會用抽單張牌的方式代替基督降臨曆，從十二月一日開始每天抽一張牌，直到聖誕節前夕為止。這往往是我一年中最繁忙的時期，也是我最期待與家人

團聚的時節。在混亂或滿懷期待的情境中，這種練習能幫助我保持理智和專注。

過去、現在和未來：抽三張牌

以下是適合初學者的簡易牌陣，也適用於任何人。我經常採用這種牌陣，尤其是為朋友解牌的時候。做法是先洗牌，然後分別抽一張牌代表過去、現在和未來。仔細檢視每張牌，並注意任何與你有關的主題——也許你抽到的三張牌都有爬蟲類或藥草類；也許三張牌的主體都面向左邊（代表朝向過去）；也許三張牌都有相似的背景顏色。當你在觀察牌卡的同時，請回想一下自己的成長過程、目前的境況，以及你該如何打造更美好的未來。

過去　　　　　現在　　　　　未來

季節：抽四張牌

季節牌陣很像「過去、現在和未來」的解牌形式，但是每張牌都代表自然界中的某個季節：冬季、春季、夏季或秋季。做法是先洗牌，然後抽一張牌代表目前的季節。接著，抽一張牌代表上一個季節，並放在代表目前季節的牌卡左邊。然後，抽兩張牌代表接下來的兩個季節，並放在代表目前季節的牌卡右邊。這種做法能提供比「過去、現在和未來」的解牌更具體的時間線，為解牌留下更多餘裕。

| 上一個季節 | 現在的季節 | 下一個季節 | 下下個季節 |

結合塔羅牌：抽六張牌

我很喜歡使用神諭卡的牌組來輔助傳統的塔羅牌占卜。當我解讀塔羅牌時，如果我的洞察力不明確或很混亂，我通常會抽一張神諭卡。為了將這個牌組與你的塔羅牌實務結合起來，你要先洗好自己喜歡的塔羅牌組，然後依序抽三張牌——分別代表你目前的情況、你面臨的障礙、最後的結果。接著，洗好《森林守護者神諭卡》後，抽三張牌，分別疊在三張塔羅牌的右下角。這些牌代表你可以利用的工具，以期實現你渴望的結果。例如，你可以借助「鱒魚與鈴蘭花」代表的新開端或「狐狸與常春藤」代表的聰明才智，幫助你克服障礙。

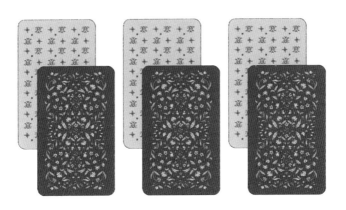

0　老鼠與毛茛
THE MOUSE AND BUTTERCUP

牌義：純真

就 像塔羅牌組中的「愚者」，「老鼠與毛茛」的牌號也是 0。這兩張牌都象徵著旅程的開端，並提醒我們還有很多需要學習的事情。老鼠很踏實且天真。不過，曾經在家裡應對老鼠的人都知道，牠們既果斷又有很強的適應力。我將老鼠和普通的毛茛配對，象徵著童年時期的純真。你曾經將毛茛放在下巴的下方嗎？根據古老的兒童遊戲，如果毛茛在你的皮膚上反射出黃色的光芒，則代表你喜歡奶油。

正位含義： 你正展開一段旅程，或開闢一條新的道路。請記住，純真和無知都不是負面的特質，而是提醒我們具備成長、適應和學習的能力。

逆位含義： 關於你目前承擔的事情，你缺乏充分的準備。不妨思考你該如何適應和學習，以便為未來的努力奠定穩固的基礎。

在這條新的道路上，我希望學到什麼？

我應該注意哪些潛在的風險？

1 貓與薰衣草

THE CAT AND LAVENDER

牌義：獨立

的特性是狡猾、聰明和獨立。牠們通常獨來獨往，象徵著自立。薰衣草的香氣則能帶來舒緩的慰藉，但在維多利亞時代與不信任有關，這提醒了我們要內省，並仰賴本身的直覺和內在資源。

正位含義： 在不依賴別人的認可下，你還是能盡情發揮潛力。重要的關鍵詞是力量、足智多謀和潛能。

逆位含義： 主題是不平衡和缺乏安全感。不要被恐懼感牽著鼻子走，而是要想像自己如同一隻平靜且孤僻的貓。試著將信任感注入自己的直覺和能力。

我該如何學會信任自己？

我擁有哪些值得信賴的特點？

2　蜘蛛與西番蓮

THE SPIDER AND PASSIONFLOWER

牌義：獨創力

蛛代表光明與黑暗之間的平衡。牠們很狡猾，卻有耐心，能編織出美麗又致命的複雜網絡。西番蓮是一種象徵信念的蔓藤植物（或稱藤本植物），由十六世紀的耶穌會傳教士命名。他們將西番蓮與耶穌的受難記聯想在一起：花絲代表荊棘王冠，而十片花瓣代表十位忠誠的門徒。

正位含義：你能以機智且非傳統的方式解決問題。你只需要耐心，就能看到自己的付出有美好的成果。

逆位含義：停滯不前。為了克服創造力的阻礙，你要嘗試像蜘蛛一樣，靈巧地運用創新的思維與熟練的技術。你要相信，默默努力終究會得到回報。

　　我該如何利用自己的才華去克服障礙？

　　我曾經在什麼時候運用獨創力解決過問題？

3 野兔與橡樹

THE HARE AND OAK

牌義：新的契機

兔經常象徵著生育和愛，與凱爾特女神歐斯特（Eostre）有關。牠們代表春天——誕生和富足的季節。許多古老的文化都將橡樹與勇氣、活力聯繫在一起。在古希臘，橡樹被尊奉為宙斯的聖樹。在古北歐的神話中，橡樹代表生命之樹。在古老的凱爾特文化和德魯伊文化中，橡樹與神達格達（Dagda）有關。

正位含義：值得慶祝一下你的好運氣。如果你長期以來擔任照顧者，這張牌則是在提醒你：付出將會得到回報。

逆位含義：主題是忽視和空洞的承諾。也許你的辛苦付出並沒有如願以償。試著與野兔產生連結，因為野兔是一種充滿能量和代表富饒的生物，可以幫助你度過眼前的艱困時刻。

我今天可以慶祝什麼事？

我應該留意哪些讓我高興的契機？

4　熊與雪松

THE BEAR AND CEDAR

牌義：領導力

這張牌呼籲我們要變得強大，同時保持仁慈，並具備優秀的領袖特質。熊是林地中的帝王，也是森林的守護者。我將熊與雪松配對，因為雪松的特性是療癒、保護和淨化。這張牌鼓勵我們成為心智成熟的權威。

正位含義：熊的精神正引導你迎接領導的機會，並提醒你以公正和關懷的態度掌權。

逆位含義：也許你正面臨困難的挑戰。請記住，不要讓自己的態度變得強硬。頑固且沒有彈性對你沒有幫助。你應該運用雪松的保護力量，好好反省、療癒和做好準備。

我該如何成為更優秀的領導者？

誰可以從我的知識和經驗中受益？

5 綿羊與黑莓

THE SHEEP AND BLACKBERRY

牌義：奉獻

這張牌呼籲我們專注於自己的承諾，無論是對伴侶、工作、發揮創意或靈性傳統的承諾。綿羊既天真又脆弱，需要受到照顧和引導。黑莓象徵著保護，它們有巨大且錯綜複雜的荊棘，而它們豐盛的果實則象徵著繁榮。將綿羊和黑莓的能量結合在一起，能指引我們方向：恪守自己的承諾，使其結出果實並成長茁壯。

正位含義：你可以從哪些人或特定的行為中找到智慧和穩定？請記住善待這些為你提供指引和保護的來源。

逆位含義：你可以成為自己的導師，你的智慧來自內在，而非外在；而你有責任將這個天賦以人生導師或教師的立場傳授出去。

　　我該如何維護人際關係、靈性實踐或工作？

6　青蛙與蓮花
THE FROG AND LOTUS

牌義：蛻變

張牌提醒我們：變化是很自然的事，重生是有可能的，並且兩者也能達到一種療癒的平衡。青蛙的成長過程是從微小的蝌蚪開始，象徵著轉變。蓮花也代表重生，在混濁的水中也能開花。經歷這種變化很困難，也充滿挑戰，但由此產生的蛻變能幫助我們成長、接納自我和迎接幸福。

正位含義：思考一下你在生活中需要哪些改變，並考慮你可以採取哪些步驟去實現這些變化。你應該要讓自己成長和重生。

逆位含義：你無法控制生活中的一切。變化是自然界的一部分，你要讓改變順其自然。請記住，蛻變可以衍生出無比的美麗。

在自我或生活方面，我可以改善什麼？

我要如何才能接受難以控制的變化？

7 花栗鼠與月桂

THE CHIPMUNK AND LAUREL

牌義：成功

這張牌象徵一場必定邁向成功的新冒險。花栗鼠經常選擇偏僻的路，尋找藏身的地方，並沿路探險。月桂象徵著勝利，在古代的奧運會上用於為獲勝者加冕。兩者的配對能引導我們主宰命運，開闢屬於自己的道路，並大獲成功。

正位含義：為了實現願望，你要開闢一條獨特的道路。大多數達成目標的路徑都不是簡單的直線，但旅程最終是值得的。

逆位含義：這是停滯的跡象。你可能感到沮喪、無法前進或受挫。想想看聰明又有企圖心的花栗鼠。有哪些鮮為人知的路徑能引導你達成目標？或者，你該如何重新定義成功？

我的生活中有哪些值得慶祝的成就？

我該如何開闢屬於自己的道路，活出真我？

8　麋鹿與梣樹

THE ELK AND ASH

牌義：力量

鹿是龐大的生物，頭上有結實的鹿角。牠們能在崎嶇的地形長途跋涉，象徵著力量和耐力。與麋鹿相似的是，椈樹代表強健和堅毅，能在惡劣的環境中茁壯成長。

正位含義：面對挑戰時，你要聚集力量，並對自己的耐力充滿自信。面對干擾你的混亂元素時，你要學會駕馭它。

逆位含義：面對難以克服的挑戰時，你可能會感到不知所措。喚起麋鹿和椈樹的精神吧！提醒自己：你擁有力量。

我準備好面對即將到來的挑戰了嗎？

內在與外在的力量有什麼不同？
分別在什麼樣的情況下需要它們？

9 黃鼠狼與松樹
THE WEASEL AND PINE

牌義：反省

黃 鼠狼是戰士，也是間諜。牠們的行動很快速，經常獨來獨往，並且能從遠處觀察情勢，適時地調整計畫。請記住，獨居的生物並不可怕，內向的天性也不可恥。瞭解自己，並且在獨處的時候感到自在，這種技能有可取之處。與黃鼠狼相似的是，松樹也代表自給自足，是一種成長快速的常綠樹。松針上有一層蠟質的薄膜，有助於保存水分。

正位含義：這張牌在召喚你獨處。孤單能讓你靜下來思考，使你認識自我。

逆位含義：你可能深感孤獨之苦。想像一下黃鼠狼獨處的時候有多麼快樂。當你無依無靠時，要練習照顧自己。你冥想時，要將注意力放在含蠟的松針。問問自己，如果你想在一年四季保持翠綠和健康，你需要哪些保護措施？

我在什麼時候喜歡獨處？

我該如何更瞭解自己和尊重自己？

10　鴨子與菊花

THE DUCK AND CHRYSANTHEMUM

牌義：幸運

運兒的英文「lucky duck」唸起來有輕鬆愉快的韻律，而且鴨子象徵著好運。在古埃及，鴨子與財富（尤其是黃金）有關，經常當作獻給眾神的祭品。與鴨子相似的是，菊花能開出優雅的長花瓣，象徵著豐富。好運是一種難以捉摸的神祕力量。羅馬哲學家塞內卡（Seneca）說過：「幸運，就是『充分的準備』遇上『機會』的時刻。」

正位含義：你即將迎接好運。面對積極轉變後可能引起的情況，你要保持開放的心態。

逆位含義：你要把事情安排妥當。在你採取行動前，應該進行一些研究，以免出差錯。

我該如何為未來做好準備？

命運是否可以改變，還是早已注定？

11 山羊與柳樹

THE GOAT AND WILLOW

牌義：克服障礙

羊象徵著平衡。牠們跳躍時，充滿了源源不絕的能量，能輕鬆地跳到狹窄的立足點。牠們的活力和優雅姿態令人欽羨。柳樹則代表哀悼，經常出現在墓碑附近。在希臘神話中，柳樹被視為通往陰間的入口。山羊和柳樹的結合是在暗示我們可能會遭受損失，但我們可以藉著更新的能量和適當的平衡去克服這些障礙。

正位含義：最近的一次損失可能會讓你感到沮喪，或者有新的阻礙出現在你前行的道路上。你要重新調整目標，才能再度掌控局面。

逆位含義：你可能感到失衡。在你的生活中，負面能量威脅著你。讓山羊的精神引導你恢復和諧感吧！請記住，生活是一種平衡——我們經歷痛苦後，才能體會快樂的滋味。

我該如何在生活中實現平衡？

我該如何提前規劃，才能應付路途中的障礙？

12 蜥蜴與豬籠草

THE LIZARD AND PITCHER PLANT

牌義：*停滯*

食性的豬籠草會將獵物困在葉子內。蜥蜴有時候會掉入豬籠草的陷阱，象徵著死亡和復活，因為蜥蜴有辦法在受困的時候斷尾求生。新的尾巴會在原本的位置長出來，但不會長得跟原來的一樣。

正位含義：你可能覺得陷入困境，無法解脫，或者找不到逃離的機會。不妨思考一下：蜥蜴斷尾後，重新長出尾巴的能力。在你的生活中，也許有一些你可以捨棄的部分，以便迎接新的成長之路。

逆位含義：這張牌暗示你錯過了機會。請記住，放棄某些事情是可以的，但是在你轉身離開之前，應該問問自己：為什麼你覺得反感或不感興趣。是否有任何恐懼或擔憂？如果有的話，是否影響了你的決定？

為了讓自己能再次向前，
我可以捨棄什麼？

13　蛾與尤加利
THE MOTH AND EUCALYPTUS

牌義：結束

將這張牌排在第十三張，因為它反映了傳統塔羅牌「死神」的含義。死神牌很少是指字面上的死亡，而是象徵著結束，並且讓我們具有放下的知識和力量。插圖中的蛾是鬼臉天蛾，背部有獨特的骷髏圖案。牠們在夜間活動，也像其他的蛾一樣有趨光性。尤加利樹象徵著保護，因為樹裡的精油可用來防禦和舒緩各種疾病。

正位含義：結束的局面即將到來。這可能代表一段關係、愛好、工作或其他事情的結束。雖然結束有時代表失去，卻不一定總是如此。即使我們經歷過悲傷，也具有從悲傷中走出來的力量，並更加瞭解自己。

逆位含義：你對改變的抗拒，阻礙了你充分發揮潛力。你要學會放手，並繼續前行。雖然你剛開始會感到痛苦，但放下過去能幫助你轉變。

我該如何讓自己欣然接受變化？

當我的生活出現變化時，
有哪些事物可以幫助我有安全感和受到保護？

14 禿鷹與阿福花

THE VULTURE AND ASPHODEL

牌義：**動盪**

這張牌代表無法預料的動盪，會導致悲傷、哀悼或後悔的心境。禿鷹經常與死亡有關，卻在我們的生態系統中有重要的作用。牠們食用動物的腐肉，防止疾病散播。在希臘神話中，阿福花在陰間生長。維多利亞時代的人認為，阿福花傳達的是不幸的訊息：「我的悔恨隨著你入土。」動盪後的局面看似是毀滅。我們傾向清理殘骸並重新開始。這張牌提醒我們：失之東隅，收之桑榆。在你重建一切之前，不妨花一點時間處理哀傷的情緒，以免心懷遺憾。

正位含義：創傷已經發生了，你需要一點哀傷的時間。在你嘗試展開新的活動之前，要先處理好傷痛。

逆位含義：你可能陷入悲傷的循環，無法痊癒或做出改變。如果你不知所措，可以請其他人幫助你辨認那些未解之痛的來源。如果我們不知道自己受了傷，就無法清理傷口。

我如何體現悲傷？

我在經歷動盪後，如何重新定義自己？

15 鹿與燕麥
THE DEER AND OAT

牌義：療癒

腼又溫和的梅花鹿身上有白色斑點。寬大光滑的鹿角每年都會脫落，然後重新長出來。與鹿相似的是，燕麥是有助於身體復元的營養食物。即使是在貧瘠的土壤中，燕麥也能夠順利生長，並供給豐富的營養成分。

正位含義：休息和充電。當你從創傷或一段過度消耗的時期中恢復，保持適度和正念非常重要。

逆位含義：你可能感到不堪重負，需要休息一下。不妨考慮暫時遠離塵囂，獨自療傷。

我該如何休息和充電？

哪些方法能滋養我的靈魂？

16 烏鴉與山茱萸

THE CROW AND DOGWOOD

牌義：智力

烏 鴉是非常聰明的鳥，能讓人聯想到先見之明和運用工具的能力。如今，烏鴉經常被視為邪惡或不祥的預兆，但現代人的敘述很少提及烏鴉的真實特質。根據北歐的民間傳說，烏鴉象徵著強大正面的意義，提醒我們本身擁有技能和資源：「你有解決任何問題的能力。」與烏鴉相似的是，山茱萸的形象也讓人容易混淆。表面上，美麗的淺色花瓣傳達了溫柔和奇妙想法。但很少人知道，山茱萸堅硬的樹皮和穩固的結構，使它成為經得起考驗的耐久型樹種，甚至能承受惡劣的天氣。

正位含義：你有辦法實現目標，並解決阻礙你的問題。你只需要自我反省，就能發現自己的智慧和力量。

逆位含義：你可能覺得自己像個騙子或冒牌貨。圖中的烏鴉提醒你擁有智慧，而山茱萸提醒你擁有力量。你的成就屬於你自己。你也配得上自己取得的成功。

我熟悉哪方面的知識？

我有哪些創意或職業目標？我該如何實現它們？

17　蠑螈與黑胡椒

THE SALAMANDER AND BLACK PEPPER

牌義：靈感

這張牌象徵著火焰和熱情，能喚起我們的活力和靈感。亞里斯多德和老普林尼（Pliny the Elder）都寫過，蠑螈有抵擋火焰的能力。古希臘神話也提過蠑螈與火焰之間的關聯。黑胡椒（或胡椒粒）具有泥土般的香氣，並且帶一點辛辣的風味，因此與「親火」的蠑螈是相得益彰的絕佳組合。

正位含義：新的機會即將來臨。如果你想把握機會，就要保有靈感，並且將精力應用於充滿創造力的活動。

逆位含義：你可能感受到被逼迫的壓力。風險很高，而且心理壓力漸漸增加。請記住，蠑螈有抵擋火焰的能力，並且堅守自己的陣地。

什麼事可以激發我的靈感？

我該如何邀請和吸收更多的靈感進入我的生活中？

18　野豬與南瓜
THE BOAR AND PUMPKIN

牌義：信心

瓜有蜿蜒的藤蔓，果實大且籽粒多，象徵著豐盛、健康和韌性。兇猛又聰明的野豬有鋒利的獠牙，行動充滿了衝勁。兩者結合起來能體現自信。

正位含義：你的自信並不是毫無根據。別人羞辱你，或試圖降低你的鬥志，都無法影響你。你就像南瓜一樣臉皮很厚。你也像野豬一樣勇敢。

逆位含義：你的無畏精神可能會讓你陷入危險的境地。退一步，重新評估問題吧。你可以在保持自信的同時，從容地謹慎行事。

哪些成就讓我感到自豪？

我該如何增強信心和自我價值感？

19 蝙蝠與鐵筷子花
THE BAT AND HELLEBORE

牌義：**直覺**

蝠是夜晚的守護者，象徵著夢想、幻覺和潛意識。牠們能讓我們瞭解如何接觸自身的神祕部分。鐵筷子花非常特別，在冬天盛開，花萼向下傾斜，看起來就像倒出液體的杯子。鐵筷子花象徵著坦率的情感。兩者的配對告訴我們：相信自己的直覺。

正位含義：你的直覺很可靠，猶如向內捲曲的鐵筷子花，也像視力差的蝙蝠依靠著聽覺。讓直覺指引你吧。

逆位含義：你的思想和行動不協調，應該是你走錯路了。或者，你相信不對的人或事。如果你覺得某件事不對勁，事實通常就是如此。停下來，仔細聆聽，並尊重你的心聲。

我該如何學會信任自己的直覺？

我需要分析某個問題嗎？

還是我的直覺本能可以告訴我答案？

20　鱷魚與罌粟花
THE CAIMAN AND POPPY

牌義：夢想

凱 門鱷是一種很安靜的爬行動物，經常看起來像在發呆，只有在捕捉獵物時才會動起來。與凱門鱷相似的是，罌粟花與睡眠密切相關。自古以來，有鎮靜效果的鴉片就是從罌粟花的種子中提取。兩者的配對傳達的訊息是：我們的夢想。

正位含義：你的夢想即將實現。你要像凱門鱷一樣靜待時機，卻又保持警覺，並且在適當的時刻把握機會。

逆位含義：你的思緒不清晰，不該沉迷於幻想。思考一下你可以採取哪些實際步驟，實現你的瘋狂夢想。

我最近有什麼夢想？

我該如何實現夢想？

21　臭鼬與木蘭花

THE SKUNK AND MAGNOLIA

牌義：保護

 鼬知道該如何利用臭氣趕走敵方，達到保護自己的目的。對有可能攻擊牠們的動物而言，黑白相間的毛髮就像是一種警告。與臭鼬相似的是，木蘭花有光滑的大葉子和大量的花朵，它的花瓣厚實，是地球上存在時間最久的花之一。經過漫長的演化，木蘭花已經能抵禦甲蟲的傷害。

正位含義：你的處境很安全，界線受到尊重，家園也完好無損。請記住，當你受到保護時，你的職責是保護其他人。將你受到的庇護擴及到缺乏庇護的人身上吧。

逆位含義：過度的自我保護會阻礙成長。你可能誤解了某個情況，並表現出防禦的姿態。問問自己，為什麼你覺得需要盔甲？脆弱會為你帶來好處嗎？

我該如何保護別人？

哪個人或什麼事物讓我有安全感？

22　貓頭鷹與啤酒花

THE OWL AND HOP

牌義：智慧

頭鷹與希臘的智慧女神雅典娜（Athena）密切相關。貓頭鷹有夜視能力，象徵著知識和博學，並帶有一點神祕的氣息。啤酒花是令人印象深刻的植物，能在生長季節攀爬至二十英尺的高度。兩者的配對代表了精神和思維方面的滿足感。

正位含義：你已經抵達漫長的旅程終點。深吸一口氣，好好享受你的成就吧。

逆位含義：你可能感到遺憾或缺乏滿足感，因而產生心理負擔。回顧一下你過去的成就，實際地思考你目前的目標。即使是處於高處的啤酒花，其藤蔓剛開始也是一步一步地攀爬而上。

我感到滿足嗎？

如果我已經達到心滿意足的境界，
我是否還願意保持謙虛的心態，嘗試一些新事物？

23 獵犬與西洋梨
THE HOUND AND PEAR

牌義：忠誠

 犬象徵忠誠和友誼。在傳說中有許多關於狗保護同伴、拯救兒童、提醒主人注意危險的故事。聖吉納福特的傳說就是其中之一：在 13 世紀，這隻法國灰狗保護了主人的嬰兒免於毒蛇襲擊。當主人到現場時，發現吉納福特坐在空蕩蕩的搖籃旁，且下巴有血漬。認為吉納福特是兇手便殺了牠。後來主人聽到嬰兒哭聲，才發現兒子在搖籃下，而毒蛇屍體在搖籃旁邊。這時他才領悟到自己犯下了可悲的錯誤。與忠實的獵犬相似，西洋梨象徵關懷和感情。經常當作禮物贈送。吃起來甜美，卻容易撞傷，需要溫柔對待。

正位含義： 友情滋生。你的朋友注意到了你的善良、忠誠，並欣賞你。

逆位含義： 對親近的人太過嚴厲或不理性的評論。你覺得自己配不上別人的善意或友誼，但獨自面對人生很難。請接受陪伴，不要對關心你的人發怒。

我對朋友忠誠嗎？

我該如何改善友誼，讓朋友感受到我的關愛和感謝？

24 貂與毛地黃
THE MARTEN AND FOXGLOVE

牌義：淘氣

這張牌代表典型的惡作劇者，例如：漫不經心的搗蛋鬼、自發性的混亂製造者。貂是一種好奇心旺盛的鼬科動物，動作迅速，偶爾有攻擊性。在羅馬尼亞的民間傳說中，貂經常在夜間戲弄馬，還會亂編馬的鬃毛，讓馬在隔天早晨醒來後，發現自己的毛髮一團亂。據說，毛地黃是小精靈（一種難以捉摸的頑皮生物）的家，因此與謎語和秘密有關。

正位含義：注意一下是否有突發性、旅遊或嬉戲的機會。只要不傷害任何人，適度的輕鬆嬉鬧是健康的行為！

逆位含義：提防他人不老實的行為。可能有詐騙或詭計正在醞釀。

我喜歡突發性的事件嗎？

我能不能保持開放的心態，
在生活中留一點冒險的空間？

25　狼與玫瑰果

THE WOLF AND ROSE HIP

牌義：守護

 通常成群行動，守護著家庭和社群。與獵犬一樣，狼象徵著忠誠與承諾。玫瑰果是食物，象徵著愛情，是薔薇所結的果實。玫瑰果與滋養和感情有關，因此也象徵著親情和關懷。

正位含義：你被召喚成為一名導師。在群體中，誰可能需要你的忠告、建議？在社群活動中擔任領導角色，是另一種像狼般的領導方式。

逆位含義：你處於重要的抉擇關頭，需別人指引。值得信任的朋友或家人可以給你建議，幫助你找到自己的路。

我能夠指導誰？

我該如何才能在社群中擔任領導者？

我可以向誰求助？

26　蜜蜂與石榴

THE BEE AND POMEGRANATE

牌義：生產力

這張牌呼籲我們，要懷有目的地去創造。蜜蜂的特色是辛勤工作和努力不懈。「像蜜蜂一樣忙」（busy as a bee）這個片語源自傑弗里·喬叟（Geoffrey Chaucer）在十四世紀撰寫的《坎特伯里故事集》（*Canterbury Tales*）。石榴有堅硬的外皮，很難剝開。不過，一旦石榴的外皮被切開，就會有數以百計的籽掉出來，因此石榴象徵著豐饒和富足。

正位含義：你正處於生產力最高效的時期。你要注意自己的付出是否能帶來滿足感。

逆位含義：你可能正受到拖延症的困擾。不妨考慮先休息一下，然後嘗試回到正軌。

我在什麼時候辦事最有成效？

我在工作中感到滿足嗎？
如果沒有，我該如何改變這種情況？

27　狐狸與常春藤
THE FOX AND IVY

牌義：**適應力**

狸很狡猾，反應快又聰明。耐寒的常春藤能夠在惡劣的環境中茁壯成長。兩者配對時，狐狸能提醒我們：要將聰明才智應用於適應力。

正位含義：讓狐狸的敏捷思維引導你吧。靈活度和適應力都對你的努力有利。

逆位含義：你的固執態度可能阻礙了你。保持開放的心態，並注意不要墨守成規。

我感到被困住了嗎？

我該如何適應生活中的變化？

28　負鼠與牡丹花

THE OPOSSUM AND PEONY

牌義：羞怯

死（play possum）是指生物在面對危險時，保持安靜和靜止不動。這個片語源自於負鼠對恐懼的獨特反應：牠們會突然倒下裝死。這是一種本能反應，也是很有效的做法。當掠食者發現看似死去的負鼠時，通常會失去興趣。同樣地，美麗的牡丹花與羞怯相關。在希臘神話中，想躲避凡人目光的仙女會偽裝成牡丹花。

正位含義：你可能希望逃離世俗的眼光。雖然獨處的時期是必要的，而且有益健康，但你要確定隱居並不是出自於恐懼。

逆位含義：雖然你的想法最近受到了動搖，也許是經歷了一些動盪，或忍受了迷茫的變化，但是你現在已準備好自立自強。

我該如何面對恐懼？

是以本能還是其他方式？

29　松鼠與栗子

THE SQUIRREL AND CHESTNUT

牌義：準備

為了在冬季確保糧食充足，松鼠會埋藏堅果，不讓其他松鼠和掠食者發現。栗子是小型堅果，象徵著豐盛，源自高聳、多產的大樹。兩者的配對能提醒我們：細心的準備往往能帶來財富。

正位含義：你已做好充分的準備，期待享受你付出後的成果。你的機智和遠見能得到回報。

逆位含義：為即將到來的冬季做好準備。娛樂和遊戲固然是生活中的必要部分，但不要讓自己過度分心，而忘了滿足自己基本的生活需求。

　　我已經為未來做好充分的準備了嗎？

　　我是否一直在為實現自己的目標而努力？

30　河狸與樺樹

THE BEAVER AND BIRCH

牌義：家園

了養育幼獸，河狸會努力建造小屋。牠們使用樹枝、草、岩石和泥巴，建構出一個安全的家園，同時也能作為候鳥的自然棲息地。樺樹象徵著新的開始，很少單獨生長。在中世紀的歐洲，異教徒會將樺樹應用在仲夏時節的慶祝活動，做成五月柱。許多人認為樺樹的木頭可以保護幼兒和趕走惡靈，因此經常用作製造搖籃的原料。

正位含義：現在是你專注於築巢、建立家園或安頓下來的時刻。以營造家庭氛圍的方式，好好裝飾和整理居家環境。

逆位含義：你可能感到孤寂，如同躲在洞穴中的隱士。不妨考慮規劃一趟旅行。旅遊和探索自我的時光，對你的身心健康有好處。

我欣賞家的哪些部分？

我認為家是一個場所，還是一種感覺？

31 烏龜與芫荽
THE TURTLE AND CORIANDER

牌義：滿足

這張牌呼籲我們，要對自己擁有或取得的一切感到滿足。這張牌也鼓勵我們停下來反省。根據《伊索寓言》中的〈龜兔賽跑〉，烏龜象徵耐心和健康。行動緩慢但意志堅定的烏龜，終究在比賽中戰勝了行動快速卻分心的兔子。烏龜的勝利在於維持自己的步調，而這一點印證了格言：「穩紮穩打能贏得勝利。」與烏龜相似的是，在維多利亞時代的花語中，荒菱代表潛藏的價值。這一點能提醒我們：事實不一定如表面所見。專心致志的烏龜也能像步調迅速的兔子一樣達成目標。

正位含義：放慢腳步，享受旅程。不要為了獲勝就急著奔向目標。請按照自己的步調前進。

逆位含義：當心停滯不前。雖然穩紮穩打可以贏得比賽，但是故步自封對你並沒有幫助。

在我的生活中，什麼事讓我感到滿足？

我對自己擁有的一切心存感激嗎？

我是急於求成，還是尊重自己的步調？

32 獾與銀杏
THE BADGER AND GINKGO

牌義：傷口癒合

杏是一種神聖的古老樹木。根據化石的紀錄，銀杏首次出現於幾百萬年前的侏羅紀時期，原產地是亞洲，在中國象徵著和平與希望。人們也可以在日本的寺廟和花園中見到銀杏。相比之下，獾的性情暴躁，並具有攻擊性。由於獾的行動快速，而且喜歡在夜間遊蕩，牠們經常在歐洲和亞洲的民間傳說中被描述成邪惡的變形物種。在銀杏的淬鍊下，獾能鼓勵我們反省自己可能造成的傷害，並努力治癒舊的傷口。

正位含義：你的行為傷害到了別人。你應該道歉，並採取彌補錯誤的措施，為治癒傷口奠定基礎。想一想，你的傷痛是否導致了你對他人施加痛苦？

逆位含義：有人傷害了你。對方可能沒有意識到自己的錯，但你確實感受到了痛苦。你要善待自己。重整旗鼓，傷口才能逐漸癒合。

我是否將自己的傷痛加諸於他人？

我可以採取哪些方法來治癒傷口？

33　浣熊與美國梧桐

THE RACCOON AND SYCAMORE

牌義：好奇心

這張牌呼籲我們，要去探索讓自己興奮的新愛好、新點子或新機會。浣熊是聰明、敏捷又熱情的生物。牠們的眼睛周圍有著像面具的標記，因此經常被比喻成強盜。牠們是可愛的搗蛋鬼，不太會刻意造成傷害。與浣熊相似的是，美國梧桐（Sycamore）與求知欲有關。在《聖經》中，撒該（Zacchaeus）爬上 Sycamore 樹是[1]為了看清楚耶穌經過耶利哥鎮的情景。後來，耶穌到撒該的家作客，滿足了他的好奇心。

正位含義：你已經有充足的裝備，可以去探索未知的領域。爬到你感興趣的樹上，在樹枝間跳躍吧！現在是對你有利的時機，你應該去發現有關自己和自身能力的新真相。

逆位含義：你感到無聊和受到忽視。或沒有任何事情能引起你的興趣。不妨花點時間休息和照顧自己。當基本需求沒被滿足時，就無法對外界產生好奇心。

我想探索哪些新嗜好或興趣？

---

1 編註：Sycamore 一詞代表多種樹木品種，美國梧桐的英文為 Sycamore，聖經中撒該爬上的桑樹也叫 Sycamore，是一種同名的無花果樹。

34 蛇與蕨類

THE SNAKE AND FERN

牌義：**重新開始**

這張牌呼籲我們重新開始。蛇定期脫皮，象徵著重生和轉化療癒。在許多文化中，蕨類植物與新生命和新開端有關。對紐西蘭的毛利人而言，展開的銀葉蕨（毛利人又稱之為Koru）代表著一個中心思想，象徵成長和回歸根源。蛇與蕨類能激發出我們的自信心，讓我們勇於重頭開始或踏上新的道路。

正位含義：重生在即。召喚蕨類植物的奇妙保護力，擺脫原有的束縛吧！

逆位含義：面對必要的改變時，你的反應可能是退縮或感到害怕。請記住，萬事皆有結束的一天，因此你不必為結束傷心。正如蛇會脫皮，然後換上新的鱗片，你也必須擺脫不再有用的部分。

當我回到原點後，可以順利成長嗎？

當我褪去舊的外衣，變得脆弱時，
是誰或什麼可以保護我？

35　瓢蟲與香豌豆

THE LADYBUG AND SWEET PEA

牌義：**快樂**

瓢蟲象徵著好運和財富，是一種能夠防治害蟲（例如蚜蟲）的奇妙昆蟲。香豌豆是美麗且香氣撲鼻的攀緣植物。在維多利亞時代，客人會送香豌豆給主人，以感謝主人的款待。瓢蟲與香豌豆的配對，代表自在和快樂。

正位含義：你正處於幸福、積極和幸運的時期。與別人分享你的喜悅，好好慶祝吧！

逆位含義：不要承擔過多。也許你覺得一切都在自己的掌控之中，但是平衡是很微妙的。你要尊重自己的底線，才能保持快樂的心態。

什麼事能讓我覺得快樂？

我該如何邀請更多的樂趣進入我的生活？

36　雀與桃子

THE FINCH AND PEACH

牌義：戀情

這張牌代表愛意瀰漫！長期以來，香甜的心形桃子與生育、性愛和愛情有關。活潑的雀象徵著活力、熱情和興奮。

正位含義：你的活力和魅力促成了你的戀情順利發展。敞開胸懷，迎接新戀情帶來的喜悅吧！

逆位含義：你的膽怯或不願意冒險的心態，可能會妨礙你的愛情。請記住：承認自己的脆弱雖然很可怕，但卻是一段健康關係中的必要部分。

我該如何向對方表達愛意？

我是否有安全感，也受到支持，
足以欣然迎接新的戀情？

37　郊狼與曼陀羅花
THE COYOTE AND DATURA

牌義：欺騙

維多利亞時代的花語中，曼陀羅花給人們的警示是：要提防欺騙性質的魅力。曼陀羅花很美麗，卻具有毒性。據說，曼陀羅花是某種藥膏的成分，這種藥膏能讓女巫騎著掃帚飛行。郊狼則經常被描繪成騙子，特性是狡猾和詭詐。

正位含義：要提防有魅力的陌生人。在你對陌生人敞開心扉之前，思考一下對方贏得你的信任後，能得到什麼好處。

逆位含義：現在是你相信直覺的時機。如果直覺告訴你某件事情不對勁，那就要留意警訊。

我可以信任誰？

我該如何讓別人明白，我值得他們信任？

38　豪豬與銀蓮花

THE PORCUPINE AND ANEMONE

牌義：**界線**

豬的身上獨特的刺，象徵自我防衛。根據阿尼什納比（Anishinaabe）部落流傳的傳說，豪豬將山楂樹的樹枝放在背上，以保護自己免於熊的攻擊，因此牠們的身上有刺。在奧吉布韋族（Ojibwe）的神話中，愛搗蛋的精靈納納伯周（Nanabozho）發現豪豬很聰明後，就為牠們設計了一件可以長久穿戴的刺外套。就像豪豬會將身體捲成球形，保護自己抵禦掠食者，銀蓮花在暴雨時也會向內和朝下捲曲，保護嬌嫩的花瓣不受傷害。

正位含義：除非你先幫助自己，否則你無法幫助別人。在有限的時間和精力條件下，你要維持健康的界線。你應該在自己溫飽後，才慷慨地付出。

逆位含義：別隨便評判看起來易怒或自我封閉的人。他們可能有正當的理由去防衛自己免於傷害。尊重他們的界線，讓他們用自己的方式敞開心扉吧！

我該如何確保自己的需求得到滿足？

我是否為自己的時間和能量建立了健康的界線？

我尊重其他人的界線嗎？

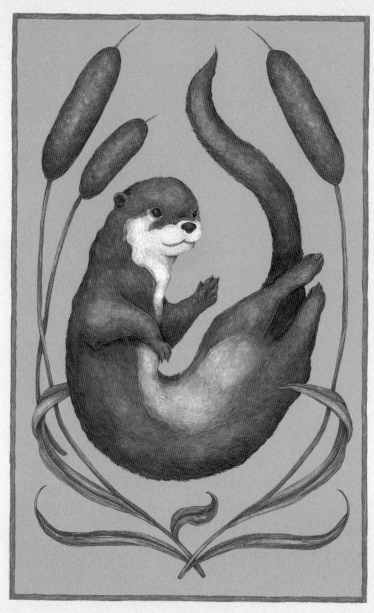

39 水獺與香蒲
THE OTTER AND CATTAIL

牌義：平靜

獺會優雅又流暢地在有水的地方滑行。牠們游泳的時候就像在玩耍，不只令人賞心悅目，也為觀賞的人帶來寧靜和喜悅。香蒲象徵著和平與繁榮，可以應用在各種家庭用途，例如：編織籃子、寢具、居家保溫。香蒲也是一種營養的食物。

正位含義：你正處於安詳又寧靜的時光。盡情享受吧，讓自己徹底放鬆。

逆位含義：當你處於困境的時候，請記住：困苦是暫時的。順其自然吧，不必苦苦掙扎。偶爾仰面朝天，讓水流帶領你向前進。

　當平靜的日子來臨時，我是否允許自己好好享受？

　我是否正在強勁的水流中做著無謂的掙扎？

40　山貓與黑刺李

THE BOBCAT AND BLACKTHORN

牌義：耐心

貓是行蹤隱祕的獵獸，能輕易地融入生活環境。牠們是獨立自主的生物，可以花幾個小時等待，然後在合適的時機一躍而起，撲向十英尺外的獵物。黑刺李是一種多刺的灌木叢，果實吃起來又苦又甜。黑刺李與克服困難有關，其尖銳的刺可以為脆弱的鳥類提供庇護。根據傳說，如果黑刺李的果實充足繁盛，代表接下來要面臨嚴寒的冬季。傳統的做法是，在深秋採集黑刺李的果實後，做成營養的果醬、酒或其他耐寒食物，用來度過凜冽的冬天。

正位含義：前方的艱難旅程，需要你做好準備和保持耐心。你應該學習山貓的隱身能力，準備好大量的補給品，並謹慎地分配自己的糧食。請記住：歷經霜凍後的漿果通常是最甜美的。

逆位含義：你太匆忙了。事情已超出你能控制的範圍。注意一下哪些準備事項對你有幫助，並在未來更謹慎地規劃。

> 我該如何做好心理準備，
> 讓自己在物資匱乏時活下來呢？

41 蝸牛與越橘

THE SNAIL AND HUCKLEBERRY

牌義：無形中的信任

志堅定又謹慎的蝸牛背負著自己的家。雖然蝸牛看似是簡單、地位低的生物，但牠們的螺旋形外殼意味著難解的謎，並代表生命的循環。與蝸牛相似的是，越橘（huckleberry）有時候讓人聯想到微小和無足輕重。在十九世紀晚期的俚語中，「huckleberry」是指不重要的小人物。不過，越橘是一種大量生長的強大水果，能提供人類和森林裡的生物賴以為生的營養素。蝸牛與越橘的配對能鼓勵我們欣賞內在美，並相信看不見的部分。

正位含義：現在是你追隨喜悅、相信無形支持的好時機。風險越高，回報越大。

逆位含義：你太過依賴具體的證據了。請靜下來觀察，注意微妙的線索，並允許感受和跡象引導你吧！

我在什麼時候因相信微妙的線索而受益？

我該如何看穿表象，探究更深層的意義？

42　鰻魚與鳶尾花
THE EEL AND IRIS

牌義：安全感

鰻魚是行蹤隱祕的生物，經常躲在陰暗的深處。英文中的「像鰻魚一樣狡猾」（slippery as an eel）是指鰻魚避開傷害的能力。鳶尾花長得高又耐寒，在中世紀象徵權力和勝利。隱祕的鰻魚與挺直的鳶尾花配對後，代表在我們的家庭、人際關係和工作中的安全感。

正位含義：現在是你確立合理界線的好時機。如果其他人覺得被冒犯，你不必為他們的反應感到煩惱。你要像鳶尾花一樣堅定地保有自己的力量。

逆位含義：過失已經發生了，而你覺得受到背叛或侵犯。憤怒和敵意是人遭到背叛後的自然反應。你要像鰻魚一樣潛伏，維護自己的界線。多多與支持你的人相處，並花一點時間振作起來。

我需要什麼，才會覺得安全？

我該如何讓別人有安全感？

43 鱒魚與鈴蘭花
THE TROUT AND LILY OF THE VALLEY

牌義：淨化

魚和鈴蘭花都象徵著回歸和恢復。一條充滿鱒魚的河流或湖泊，代表生態系統平衡且穩健。重建溪流生態的專案，通常會著重在淨化河流並移除障礙物，例如水壩遷移後，重新將鱒魚引入它們原生的棲息地。與鱒魚相似的是，在維多利亞時代的花語中，鈴蘭花傳達的訊息是重拾幸福。這一點可能與聖雷納德（Saint Leonard）的傳說有關：據說，這位隱士殺死了英格蘭的最後一條龍。凡是龍血滴落的地方，就會生長出鈴蘭花。聖雷納德在殺了龍後，回到了原本寧靜的獨居生活。

正位含義： 你的困境逐漸消失，幸福很快就會回歸。現在是你進行冥想和自省的絕佳時機。

逆位含義： 有害的元素妨礙了你的幸福。思考一下哪些汙染物可能會破壞你的生活平衡，並嘗試清除。

我的私人生態系統是否和諧？

我該如何分辨有害的人、情況或想法，
以及維持平衡所需的人、情況、想法？

44 老鷹與薊花
THE HAWK AND THISTLE

牌義：優雅的毅力

鷹是敏銳又警覺的觀察者，因此許多人將牠們與「警戒」、「目光敏銳」畫上等號。身為頂尖的掠食者，老鷹在風中優雅地滑翔，銳利的爪子隨時準備進攻。薊花可以在各種環境中茁壯成長，從青翠的山丘到布滿岩石的海岸。薊花的葉子有刺，能保護鮮豔的花朵——猶如皇冠般地佇立在花莖上。

正位含義：你可以在保持優雅和尊嚴的同時，採取強而有力的行動。磨利你的爪子，但不要丟掉你的皇冠。

逆位含義：來自外界的壓力削弱了你的決心。請牢住自己的價值，並嚴加保護。

我是否太容易受到環境的影響？

在艱難的局面中，我該如何展露出色的表現？

45 羚羊與小麥

THE ANTELOPE AND WHEAT

牌義：滋養

羊與群體有關。牠們會成群行動，共同偵查掠食者、尋找食物、照顧年幼和老邁的成員。如此一來，團體就能支持著每個成員成長茁壯。與羚羊相似的是，金黃色的小麥自古以來象徵著繁榮。小麥是一種容易種植、儲存以及加工成麵粉的穀物，也是世界各地的主要作物，與財富和豐盛密切相關。羚羊與小麥的配對，能鼓勵我們滋潤自己和群體。

正位含義：你覺得充實、滋潤和安全。與需要的人分享你的好運，共同慶祝吧！投入你所屬的群體，並確保你在艱困時期也能得到支持。

逆位含義：你可能感到被忽略或受到冷落。雖然你想躲起來，但是你也可以嘗試效仿羚羊——牠們很少單獨行動。你的朋友或同伴可以幫助你恢復活力。

誰或什麼事物讓我覺得受到滋養？

什麼事可以讓我感到充實？

46 蝴蝶與雪花蓮
THE BUTTERFLY AND SNOWDROP

牌義：希望

蝶和雪花蓮都象徵著春天，提醒我們冬天很快就會結束，而希望即將來臨。蝴蝶經過蛻變過程，從卵變成幼蟲、蛹，再到成蟲。卵的階段不起眼，而成熟的蝴蝶卻令人驚奇，整個過程就像是魔法。雪花蓮也有神奇之處，屬於冬末最早綻放的花種之一，象徵著白天較長的日子即將到來。

正位含義：困苦的時期即將結束，美好的日子快要來臨。已經有變暖的跡象了，振作起來吧！

逆位含義：現在還不是你行動的時機。你要有耐心。雪花蓮不急著在冬末開花，蝶蛹也不急著羽化。假以時日，兩者都能以健康又美麗的姿態登場。

在匱乏的時期，什麼可以帶給我希望？

47 公雞與向日葵

THE ROOSTER AND SUNFLOWER

牌義：溝通

這張牌代表優秀的領袖和仁慈的國王。在農場的其他動物醒過來之前，公雞就已經清醒地通知大家：太陽升起了。公雞會保護自己的領土，並充滿自信，但牠們也是良好的溝通者，既誠實又能幹。向日葵通常是花園中開得最高的花，挺直著花桿，面向陽光。雖然向日葵高出其他的花朵，但在任何花園裡都能為其增添溫暖歡樂的氣息。

正位含義：你很適合擔任掌權的職位。請記住，清楚且開放的溝通方式是成功領導的關鍵。

逆位含義：發生了溝通不良的情況。身為領導者，你該抵抗想責怪別人的誘惑。澄清自己的用意，試著讓對方理解。如果有必要，請求對方寬恕。

我該如何改善自己的溝通能力？

其他人有哪些溝通方式是我很欣賞的？

48 蜻蜓與三色菫
THE DRAGONFLY AND PANSY

牌義：平衡

蜓以優雅的姿態佇立，象徵著平衡。牠們彷彿是靈活又敏銳的舞者，能在空中輕鬆自如地移動，也能輕易地改變前進的方向。三色菫的名稱來自法文中的「pensée」（思想）。維多利亞時代的人們認為此名稱象徵著考慮周到。蜻蜓與三色菫的配對，代表思想和行動保持一致。

正位含義：就像蜻蜓在水面上飛行一樣，你很健康且充滿自信。你的體能與心理素質很相配。

逆位含義：你陷入了不健康的沉迷狀態。想一想蜻蜓如何不費力地改變方向，你也可以追求同樣靈活的思維。

我的注意力是否平均分散於各種興趣和活動，
還是只偏好其中一項？

我對自己花費時間和消耗精力的方式感到滿意嗎？

我該如何在生活中建立平衡感？

49 馬與藍鈴花

THE HORSE AND BLUEBELL

牌義：適度的剛毅

垂的藍鈴花象徵著謙遜。相比之下，馬是很顯眼的動物，自尊心強且肌肉發達。牠們能承受沉重的負荷和長途跋涉，具有卓越的力量和耐力。藍鈴花與馬的配對能提醒我們：偉大的事蹟往往是虛心練習的成果。

正位含義：安靜且堅持不懈地工作。大放異彩的時刻會在未來出現；目前，你應該專注於過程，而非報酬。

逆位含義：你的負擔變得沉重。請記住你當初啟程的動機。如果你的理由很有意義，那麼就要繼續努力。你的投入會讓你變得更強大。

我是否太在意贏得讚賞，卻忽略了工作的基本功？

什麼時候我該突破逆境？什麼時候該休息一下？

50 大公羊與大麗花
THE RAM AND DAHLIA

牌義：決心

是一張行動牌。大公羊能憑藉堅定的決心衝向山頂，也能靠著強健的羊角移除任何障礙物。大麗花象徵著恆心，被稱為「秋季花園的女王」，在夏秋時節開花，花期比大多數的花朵更長。

正位含義：你有實現瘋狂夢想的能力。當其他人疲憊不堪或喪失興趣的時候，你仍然堅持不懈，並且能在未來實現抱負。

逆位含義：你的固執態度阻礙了自己的發展。雖然「猛衝」似乎是致勝最快、最好的方式，但有些目標需要靈活度、定期重新評估，或接受其他人的援助。

我下定決心要實現的目標是什麼？

我在什麼時候適合單打獨鬥？
什麼時候我需要別人幫忙？

51　鵪鶉與鵝莓
THE QUAIL AND GOOSEBERRY

牌義：預期

新鮮的鵝莓是很誘人的美食。不過，如果輕率地摘取，可能會傷到自己。鵝莓灌木上長滿了能保護嬌嫩水果的刺。與鵝莓相似的是，鵪鶉經常潛伏在低矮的植被，以便評估危險。牠們通常會躲在藏身處保持警戒，隨時監視是否有掠食者。

正位含義：你預期的事件或結果即將發生。你可以善用自己的先見之明，為接下來的事情做好準備。

逆位含義：你犯下的錯誤，使自己處於危險的境地。不妨利用這次經驗，預防未來發生同樣的情況。

我經常對事情的發展感到驚訝或措手不及嗎？

在保持警覺心和承擔風險之間，我該如何取得平衡？

致謝

我要感謝為這副牌組付出貢獻的幾位人士。

首先，我特別感謝 Lindsay Nohl 和 Jenny Wells。多年前，她們在科羅拉多州的雪屋中教導我如何解牌。她們的溫暖和對塔羅牌的熱情讓我深受感動。讓我踏上了多年來激發創意的旅程。如果沒有她們的引導、鼓勵和善意，這副神諭卡（以及我創作的許多插畫和擁有的好機會）就不會存在。

我也要謝謝丈夫 Nick 的誠信、耐心和幫助，還有我們的狗 Molly——我最喜歡和牠一起散步了。

此外，我很感謝姊姊 Liana 和嫂子 Hannah。她們經常陪伴我，讓我覺得很幸福。

我還要謝謝作家經紀人 Alyssa Jennette，感謝她對這個專案的鼓勵與熱情。我也很感謝編輯 Melissa Rhodes Zahorsky，她總是能理解我想表達的意思，並呈現更出色的成果。我非常感謝安德魯斯・麥克梅爾出版社（Andrews McMeel）的整個團隊。

最後，我由衷感謝父親 Richard 和母親 Muriel。他們鼓勵我追逐夢想，並創造出我喜歡的作品。

作者簡介

蜜雪兒・格溫特（Michelle Gevint）攝。

潔西卡・魯（Jessica Roux）是美國納許維爾的自由插畫家，也是《維多利亞時代的花語圖解指南》（*Floriography: An Illustrated Guide to the Victorian Language of Flowers*）的作者。她很喜歡探索自家的後院，沉浸在大自然的環境中。也喜歡運用柔和的色彩和規律的形狀，以細膩的傳統風格呈現植物、動物和其他題材。身為經驗豐富的塔羅解牌家，她熱愛將萊德偉特史密斯（Rider-Waite-Smith）塔羅牌組啟發的潛在象徵融入插畫中。

國家圖書館出版品預行編目(CIP)資料

森林守護者神諭卡：52張結合動物與植物的牌卡，為你清楚指引人生方向 / 潔西卡.魯(Jessica Roux)著；辛亞蓓譯. -- 初版. -- 新北市：大樹林出版社，2024.03
面；　公分. -- (Change；14)
譯自：Woodland wardens：a 52-card oracle deck & guidebook.
ISBN 978-626-97814-7-8（平裝）

1.CST: 占卜

292.96　　　　　　　　　　　　　　112021886

系列／Change14

森林守護者神諭卡
：52張結合動物與植物的牌卡，為你清楚指引人生方向

原 書 名／Woodland Wardens
作　者／潔西卡・魯(Jessica Roux)
翻　　譯／辛亞蓓
總 編 輯／彭文富
編　　輯／王偉婷
校　　對／王瀅晴
排版設計／菩薩蠻數位文化有限公司
封　　面／張慕怡
出 版 者／大樹林出版社
地　　址／235新北市中和區中山路二段530號6樓之1
通訊地址／235新北市中和區中正路872號6樓之2
電　　話／(02)2222-7270　傳真／(02)2222-1270
網　　站／www.gwclass.com
E－mail／editor.gwclass@gmail.com
FB粉絲團／www.facebook.com/bigtreebook
總 經 銷／知遠文化事業有限公司
地　　址／222新北市深坑區北深路三段155巷25號5樓
電　　話／(02)2664-8800　傳真／(02)2664-8801
初　　版／2024年3月

大樹林學院

Line 社群

微信社群

Woodland Wardens: A 52-Card Oracle Deck & Guidebook by Jessica Roux
Copyright: © 2022 by Jessica Roux
This edition arranged with ANDREWS MCMEEL PUBLISHING
through BIG APPLE AGENCY, INC., LABUAN, MALAYSIA.
Traditional Chinese edition copyright:
2024 BIG FOREST PUBLISHING CO., LTD
All rights reserved

定價／820元　港幣／273 元
ISBN／978-626-97814-7-8